少林武术精粹系列丛书

少林刀术（五）

德虔　德炎　编著

北京体育大学出版社

责任编辑：孙运娟
责任校对：曹晓燕
版式设计：李　鹤

图书在版编目（CIP）数据

少林刀术. 五 / 德虔, 德炎编著. -- 北京 : 北京体育大学出版社, 2022.1
（少林武术精粹系列丛书）
ISBN 978-7-5644-3594-3

Ⅰ. ①少… Ⅱ. ①德… ②德… Ⅲ. ①少林武术－刀术(武术)－套路(武术) Ⅳ. ①G852.22

中国版本图书馆CIP数据核字(2022)第007624号

少林刀术（五）
SHAOLIN DAOSHU(WU)
德虔　德炎　编著

出版发行：北京体育大学出版社
地　　址：北京海淀区农大南路1号院2号楼2层办公B-212
邮　　编：100084
网　　址：http://cbs.bsu.edu.cn
发 行 部：010-62989320
邮 购 部：北京体育大学出版社读者服务部 010-62989432
印　　刷：北京昌联印刷有限公司
开　　本：880mm × 1230mm　1/32
成品尺寸：148mm × 210mm
印　　张：2
字　　数：39千字
版　　次：2022年1月第1版
印　　次：2022年1月第1次印刷
定　　价：13.80元

前　言

武术作为中国的国粹，是中华民族传统文化的组成部分。家喻户晓的少林武术便是其中极具代表性的门类，是中国武术的重要象征。

我社与少林武术结缘已久，伴随着时光的流逝，有多种内容、多样组合、各种形式的载有少林武术的出版物，源源不断地从我社注入市场，为方兴未艾的少林武术热潮平添了更高的热度。可以说，少林武术图书一直与我社相伴相随，成为我社具有长期出版价值的图书门类。其中，少林武术图书的编纂者——已故的王长青（法号释德虔）先生功不可没。他经年累月锲而不舍，寻于寺院、觅于乡间，挖掘出大量尘封的少林武术资料，继而分门别类梳理、整饬成一册册书稿，并与我社携手努力，打造出独树一帜的武术图书板块，为我社的武术图书出版打开了新局面。

今天，在着力弘扬中华优秀传统文化，树立和增强文化自信的大背景下，我社将以往出版的少林武术书籍重新进行了编排，以全新的面貌推出“少林武术精粹系列丛书”，这是我社多年来少林武术出版情结的延续，是对积累和沉淀的少林武术资源的再一次整合与展示，更紧密契合了时代的要求。

通过这套书，读者可以研习刚柔相济、闪转腾挪的少林功夫，可以感悟其中凝结的中华智慧，可以领略武术文化的博大精深……这便是我社对这套书出版价值的期待。

目　录

少林春秋大刀 …… 1
二路春秋大刀 …… 16
少林朴刀 …… 33

少林春秋大刀

动作名称

预备势
1.理须摆掌
2.提袍踏蹬
3.弓步前撩刀
4.垫步背刀
5.马步端刀
6.云顶横扫刀
7.弓步站刀
8.云顶横扫刀
9.垫步背刀
10.弓步前撩刀
11.转身马步切刀
12.云顶削刀
13.弓步背刀
14.弓步撩刀
15.提膝亮刀
16.三步撩刀
17.云顶横扫刀
18.转身背刀
19.金鸡独立
20.马步砍刀
21.勒马背刀
22.缠丝过顶刀
23.老虎出洞
24.连环劈刀
25.二郎担山
26.转身挑刀
27.弓步站刀
28.翻身云顶扫刀
29.勒马背刀
30.马步上撩刀
31.刀挑红袍
32.舞花背刀
33.虚步斩刀
收　势

动作图解

预备势

两脚并立，身体挺直，左手握刀，刀刃向后，刀尖向上，右臂屈肘，右手握拳，抱于腰间，拳心向上，目视前方。（图1）

1.理须摆掌

两脚不动，右手向上理胡须，然后由内向外展臂摆手，变拳为掌，掌心向右，同时向右摆头，目视右手。（图2）

2.提袍踏蹬

收右手向左握住刀把上端，身体左转45度，左腿提膝，脚面绷直，脚尖向下，目视刀背。（图3）

图 1

图 2

图 3

3.弓步前撩刀

左脚落于右脚前半步，身体左转45度，右脚向前上一步，成右弓步，同时左手向下滑把，两手握刀由上向后再向前撩，刀刃向

前，刀尖向下，目视刀尖。（图4）

4.垫步背刀

左脚向前踮跳，再速抬左脚落于右脚前，成左弓步，两手持刀由下向前向后再向前抡，当刀尖抡至上方时，左手松把，变掌向前推，掌心向前，同时右手握刀把上端向下再向后反撩，形成背刀势，目视左掌。（图5）

图 4

图 5

5.马步端刀

两脚踝地，身体右转90度，两腿蹲成马步，同时抬左手握刀（位于右手后方约15厘米处），然后翻刃向下，目视前方。（图6）

6.云顶横扫刀

两脚踝地，身体左转90度，两手握刀由右向左横扫，然后两脚跳起，身体左转90度，两手握刀由右向左横扫，然后两脚跳起，身体左转270度，落成左弓步，同时刀随身转绕头顶云旋一周，落成胸前

平扫刀，刀刃向左，刀尖向前，目视刀尖。（图7）

图 6

图 7

7.弓步站刀

两脚蹍地，身体左转90度，抬右脚向前上一步，身体左转90度，两脚同时起跳，身体再左转180度，两腿落成右弓步，刀随身转，抡刀舞花，然后站刀，目视前方。（图8）

8.云顶横扫刀

两脚蹍地，身体左转90度，两脚向前跳步，落成左弓步，刀随身势绕头云旋一周，然后握刀由右向左横扫，目视刀尖。（图9）

图 8

图 9

9.垫步背刀

两脚踝地，身体右转180度，两手握刀由左向右撩，然后两脚原地垫步，落成左弓步，同时刀向右下方撩，再向右上方撩，松左手，右手挽刀杆向后背刀，刀刃向后，刀尖向下，左手成掌由下向前推出，掌心向前，目视前方。（图10）

10.弓步前撩刀

右脚向前上一步，成右弓步，同时两手握刀由下向上挑，左手按把握刀由上向后向下再向前撩刀，刀刃向前，刀尖向下，目视前方。（图11）

图 10

图 11

11.转身马步切刀

左脚向前上一步，两脚踝地，身体右转90度，两腿半蹲成马步，两手握刀由上向下横切，两臂在胸前成下交叉形，刀刃向下，刀尖向左，目视前方。（图12）

12.云顶削刀

两脚起跳，身体左转90度，左脚落于右脚前，成右弓步，两手

握刀由前向上向左再向后向右撩，然后再向前平削，刀刃向上，刀尖向前，目视刀尖。（图13）

图 12

图 13

13.弓步背刀

两手握刀由前向下再向左后方撩，同时收右脚，身体右转90度，左脚踮跳，两脚落成左弓步，左手松把，右手持刀由上向后撩，然后背刀于身后，刀刃向左，刀尖向下，左手成掌，掌心向前，掌指向上，目视前方。（图14）

14.弓步撩刀

右脚向前上一步，成右弓步，两手握刀由后向前挑，再由上向下向前撩，刀刃向前，刀尖向下，目视前方。（图15）

图 14

图 15

15.提膝亮刀

两脚蹍地，身体右转180度，右腿提膝，脚面绷直，脚尖向下，同时两手握刀由左向上再向前斜架于头上方，刀尖落于右脚前方，刀刃向右，目视刀尖。（图16）

16.三步撩刀

右脚落于左脚前一步，抬左脚向前上一步，再抬右脚向前上一步，成右弓步，同时两手架刀向前猛撩，刀尖向下，刀刃向前，目视刀尖。（图17）

图 16

图 17

17.云顶横扫刀

左脚跟落地，以两脚为轴，身体左转180度，两手握刀由后向前斜劈，两脚起跳，随即身体左转360度，落地成左弓步，同时握刀随身势绕头转一圈，由后向前劈，刀刃向下，刀尖向前，目视刀尖。（图18）

18.转身背刀

两脚踝地，身体左转180度，成左弓步，两手握刀由上向前劈，然后左手松把，向前推掌，右手持刀由前向后下方撩，然后背于右肩后，刀尖向下，刀刃向上，目视前方。（图19）

图 18

图 19

19.金鸡独立

右脚向前上一步，左腿提膝，脚尖向下，脚面绷直，同时右手持刀由后向前再向上，使刀把竖直，然后收回左手接把，两手持刀向上提，刀刃向左，刀尖向上，目视左侧。（图20）

20.马步砍刀

左脚不落地，右脚向右翻身跳步，身体左转180度，两腿落成马步，同时两手握刀由上向下横砍，刀刃向下，刀尖向左，目视前方。（图21）

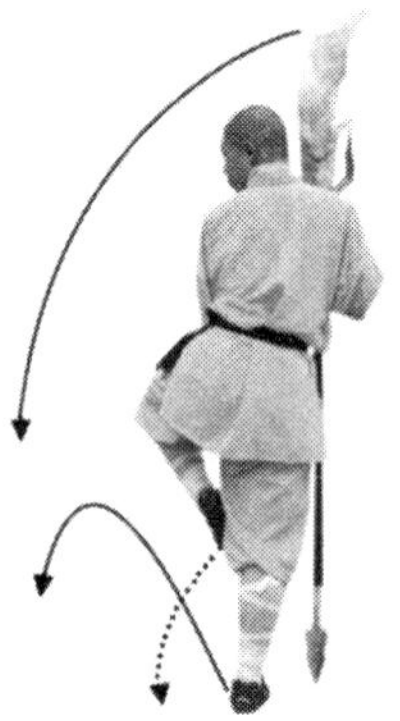

图 20

图 21

21.勒马背刀

两脚踝地，身体左转90度，右脚向前上一步，两腿屈膝成歇步，两手握刀随身势先挽逆花，再挽顺花，然后左手脱把，右手持刀下撩后背刀，刀刃斜向后，刀尖向下，左臂向胸前屈肘，左手成掌推出，然后收护于胸前，掌心向右，目视前方。（图22）

22.缠丝过顶刀

左脚向前上半步，脚尖点地，成左虚步，右手持刀由后向前向上，再向左绕头云旋一周，然后换把，使刀杆横架于右肩上，刀刃向上，刀尖向前，左掌向前推出，掌心向前，掌指向上，目视左手。（图23）

图 22

图 23

23.老虎出洞

左脚踏实，右脚向前上一步，成右弓步，同时右手托刀向前猛刺，刀刃向上，刀尖向前，左手由下向上架于头顶左上方，目视刀尖。（图24）

24.连环劈刀

两脚不动，身体左转90度，左手接把，两手握刀由前向下向后再向上向前劈，刀刃向下，然后两脚蹍地，两腿半蹲成马步，两手握刀由右向左挽花，然后向右侧横劈，刀刃向下，刀尖向右，目视前方。（图25）

图 24

图 25

25.二郎担山

两脚踢地，身体左转90度，两脚向前箭跳，右脚在前落成虚步，握刀在身左侧抡逆花，当刀尖落至身后下方时，再向上抡顺花，然后右手托刀杆架于右肩上，刀刃向上，刀尖向前，左手向后甩成勾手，目视前方。（图26）

26.转身挑刀

右脚踏实，两脚踢地，身体右转180度，两腿成右弓步，同时左手接把，两手握刀由后向前猛挑，刀刃向左，刀尖向前，然后刀由前向上向后再向下向前上方挑，目视刀尖。（图27）

图 26

图 27

27.弓步站刀

两脚不动，抡顺花，左脚向前上一步，两脚踢地，身体右转90度成右弓步，两手持刀随身势竖立身体右侧，刀尖向上，刀刃向左，目视前方。（图28）

28.翻身云顶扫刀

两脚踉地，身体左转90度，成左弓步，两手持刀由右向左前方横劈，刀刃向左，刀尖向前，目视刀尖。（图29）

图 28

图 29

29.勒马背刀

两脚踉地，身体右转180度，收右脚移于左脚内侧一步，两腿半蹲成马步，两手握刀随身转抡顺半花，左手脱把，右手握刀背于身后，刀刃向后，刀尖向下，同时左臂屈肘，左手向前推出，掌心向右，目视前方。（图30）

30.马步上撩刀

两腿成马步不动，右手持刀从身后由右向前上方撩，刀尖向上，目视刀尖。（图31）

图 30

图 31

31.刀挑红袍

右脚向前上半步，两脚踝地，身体左转90度，右手持刀向右上方挑，刀尖向上，左腿提膝，左手下按左膝上，目视刀尖。（图32）

32.舞花背刀

左脚落地，身体右转360度，两腿半蹲成马步，两手握刀随身势由左向右抡五个花，在抡到最后一个花时，右手反腕，在左手脱把时，使刀尖向上，刀竖藏于背后，刀刃向后，左臂屈肘，左掌成立掌亮于胸前，掌心向右，目视前方。（图33）

图 32

图 33

33.虚步斩刀

收左脚成左虚步，身体左转90度，右手握刀，使刀尖由上向左向下再向右转，经身前左手接把，右手向下滑把，两手握刀向左平斩，刀刃向下，目视刀尖。（图34）

收 势

左脚后退半步，同右脚成并步，刀尖由左向上，右手脱把，左手内收竖刀，刀尖向上，刀刃向前，右手由下向外再向上理胡须，然后两臂下垂，右手握拳，抱于腰间，目视前方。（图35）

图 34

图 35

二路春秋大刀

动作名称

预备势

1.转身站刀

2.两手托镖

3.背刀推掌

4.刀撩红袍

5.单刀赴会

6.弓步进刀

7.背后切瓜

8.腋下藏花

9.背刀推掌

10.上步撩刀

11.燕子别翅

12.霸王亮旗

13.白云罩顶

14.燕子别翅

15.舞花背刀

16.刀撩红袍

17.霸王亮旗

18.连环旋风刀

19.转身挑刀

20.上步背刀

21.舞花拨刀

22.霸王亮旗

23.上步劈刀

24.旋风截刀

25.跳步背刀

26.霸王亮旗

27.垫步大劈

28.连环挑刀

29.转身背刀

30.舞花砍刀

31.奋举义旗

收　势

动作图解

预备势

两脚成八字并立，抬头挺胸，右手握住大刀杆上段，刀刃向前，刀尖向上，左臂屈肘，左手握拳，抱于腰间，拳心向上，目视前方。（图1）

1.转身站刀

左脚向左横开一步，右脚踢刀把，同时身体左转90度，左手接把使大刀竖立于身前，刀刃向前，刀尖向上，目视前方。（图2）

图 1

图 2

2.两手托镖

右脚向前踮跳一步，左脚落于右脚前，成左弓步，两手移把，由后向前镖出，刀刃向右，刀尖向前，目视刀尖。（图3）

3.背刀推掌

两脚向前垫步，左弓步不变，两手握刀由下向后撩，左手脱

把，右手挽刀，背刀于右臂后，刀刃向后，刀尖向下，然后左臂屈肘，左手成侧立掌向前推出，目视左掌。（图4）

图 3

图 4

4.刀撩红袍

右手持刀由后向前撩，左手接把，两脚蹍地，身体右转180度，两腿成右弓步，转身后移把由下向前方猛撩，刀刃向上，刀尖向前，目视刀刃。（图5）

5.单刀赴会

左脚向前上一步，两脚蹍地，身体右转90度，两手持刀随身舞花（图6）；抬右脚移于左脚后外侧，身体右转180度，两手倒把，持刀绕身前向下向上再向右下方砍（图7）；左脚向前半步，成左虚步，两腿微蹲，两手倒把，由后向前向上站刀，刀刃向前，刀尖向上，目视前方（图8）。

图 5

图 6

图 7

图 8

6.弓步进刀

左脚向右前方上一步，两脚踝地，身体右转180度，两腿成右弓步，两手握刀由上向下随身向右往前猛进，刀刃向下，刀尖向前，目视刀尖。（图9）

7.背后切瓜

两脚踝地，身体左转180度，两腿成左弓步，两手倒把，刀由前向后撩，然后随身上举再向后倒刺，目视刀把。（图10）

图 9

图 10

8.腋下藏花

左脚后退一步，两脚踬地，身体左转180度，左脚向前成丁字步，两腿半蹲，两手握刀随身舞花，使刀杆压于右腋下，刀刃向右，刀尖向前，目视刀尖。（图11）

9.背刀推掌

左脚后退一步，两脚踬地，身体左转180度，两腿成左弓步，两手握刀随身由后向前再向下向后撩，背于右肩后，同时左臂屈肘，左手成侧立掌向前推出，掌心向前，掌指向上，目视左掌。（图12）

图 11

图 12

10.上步撩刀

右脚向前上一步，两脚踬地，身体稍向左转，两腿成右弓步，同时右手握刀由后向前再向上抡转，左手接把，由左向右撩，刀刃向下，刀尖向前，目视刀尖。（图13）

11.燕子别翅

左脚向前上一步，两脚踬地，身体右转180度，两腿成左弓步，两手倒把舞花，转身后左手压于右腋下，右手持刀由后向前下方劈，刀刃斜向前，刀尖斜向下，目视刀尖。（图14）

图 13

图 14

12.霸王亮旗

两手握刀由下向上再往右绕头云旋一周，然后重心后移，收左脚为虚步，两腿微蹲，两手倒把，在胸前亮刀，刀刃向前，刀尖向上，目视前方。（图15）

13.白云罩顶

两脚不动，两手握刀由前向后再往前绕头云旋一周，当刀云旋在头顶时，两脚向前跳起，目视刀把。（图16）

图 15

图 16

14.燕子别翅

两脚落地后，身体右转180度，变右脚为虚步，两腿微蹲，同时两手倒把随身舞花，刀由左向右削，刀刃向下，刀尖向前，目视刀尖。（图17）

15.舞花背刀

左脚向后退一步，两脚踸地，身体左转180度，两腿成左弓步，同时两手倒把，再持刀由右随身舞花，转身后左手脱把，右手握刀斜背于身后，左臂屈肘，左手成侧立掌向前推出，目视左掌。（图18）

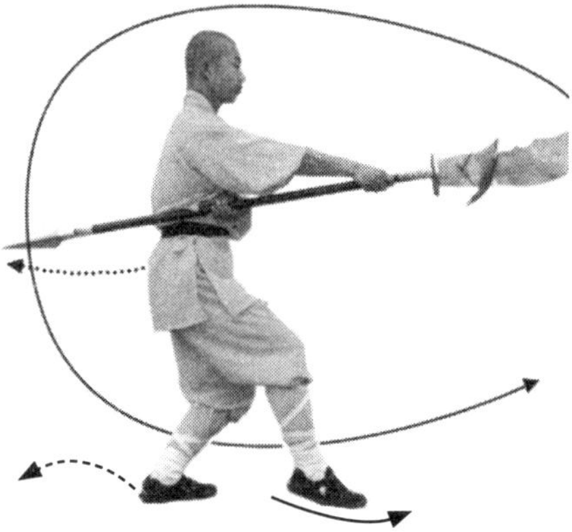

图 17

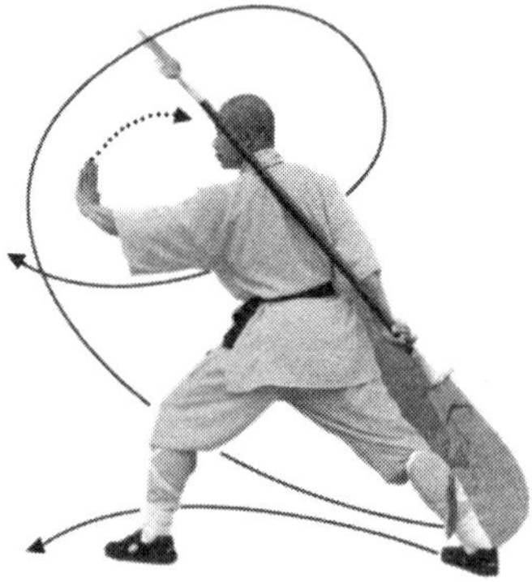

图 18

16.刀撩红袍

抬右脚向前上一步，两腿成右弓步，右手持刀由后向前舞花，左手接把，由下向前上方撩刀，刀刃斜向前，刀尖斜向上，目视刀尖。（图19）

17.霸王亮旗

左脚向前上一步，两脚踝地，身体右转180度，上左脚成虚步，两腿微蹲，两手由前向上绕刀，然后随身势向胸前亮刀，刀刃向前，刀尖向上，目视前方。（图20）

图 19

图 20

18.连环旋风刀

右脚向前上一步，两腿成右弓步，两手倒把，然后握刀由上向下向后撩旋，再向左侧猛劈，刀刃向下，刀尖向前（图21）；撤左脚，右脚也随之后撤，身体向左跳转360度，向右侧前下方劈刀（图22）；撤左脚，右脚相随后撤，身体向左跳转270度，落地后成右弓步，向前方劈刀，刀刃向下，目视刀尖（图23）。

19.转身挑刀

撤左脚，右脚随之后撤，身体向左跳转360度，两手换把，随身舞花，转身后由下向上挑，刀刃向上，刀尖向前，目视刀尖。（图24）

图 21

图 22

图 23

图 24

20.上步背刀

左脚向前上一步，两腿成左弓步，左手脱把，右手挽刀背于右臂后，刀刃向后，刀尖向下，左手向前成立掌推出，目视左掌。（图25）

21.舞花拨刀

两脚蹍地，身体右转180度，两腿成右弓步，转身前，两手握刀由后向前，两手倒把，随身舞花，转身后持刀由右向左横拨，刀刃向下，刀尖向前，目视刀尖。（图26）

图 25

图 26

22.霸王亮旗

两脚踝地，身体左转180度，收左脚成丁字步，两腿微蹲，两手由左向右绞刀，然后随身向前亮刀，刀刃向前，刀尖向上，目视前方。（图27）

23.上步劈刀

起身，右脚向前上一步，两腿成右弓步，同时两手握刀下劈，刀尖向前，目视刀尖。（图28）

图 27

图 28

24.旋风截刀

左脚向前上一步，两腿成左弓步，两手倒把，握刀由前向上向后绕头再向前挽花，别于右腋下，刀尖向前（图29）；右脚向前上一步，两脚蹍地，身体稍左转，两腿成右弓步，两手倒把，握刀由前向上向后再向前撩，刀刃向上，目视刀刃（图30）；左脚向前上一步，成丁字步，两腿微蹲，两手倒把，由前向上向后再向前下截刀，刀刃向前，刀尖向下，目视刀尖（图31）。

图 29

图 30

图 31

25.跳步背刀

起身，右脚向前上一大步，左脚随之上半步，两腿成右弓步，两手握刀由下向后向上再向前穿撩，刀刃向上（图32）；两脚蹍地，身体左转180度，左脚向前踮跳成左弓步，两手握刀随身舞花，然后左手脱把，右手挽刀背于右肩后，刀尖向下，刀刃向后，左臂屈肘，左手成侧立掌向前推出，目视左掌（图33）。

图 32

图 33

26.霸王亮旗

左脚后退半步成虚步，两腿微蹲，同时两手握刀由后下方向前撩，左手接把，随身势舞花，然后移把竖刀，刀刃向前，刀尖向上，目视前方。（图34）

27.垫步大劈

两脚向前踮跳一步，右脚落于左脚前，两腿成右弓步，两手移把，握刀向前上方挑，刀刃向上，刀尖向前，目视刀刃。（图35）

图 34

图 35

28.连环挑刀

先左脚上一步，再右脚上一步，两腿成右弓步，两手移把，使刀由前向上向后绕头返前上挑，刀刃向上，刀尖向前，目视刀刃。（图36）

29.转身背刀

两脚踉地，身体左转180度，两腿成左弓步，两手握刀由前向下随身势舞花，转身后左手脱把，右手挽刀背于右肩后，刀刃向后，刀尖向下，左臂屈肘，左手成侧立掌向前推出，目视左掌。（图37）

图 36

图 37

30.舞花砍刀

左脚撤半步，身体向左跳转360度，右脚向前上一步，两腿成右弓步，两手倒把舞花，转身后滑把向前下方猛劈，目视刀背。（图38）

图 38

31.奋举义旗

以右脚为轴，身体左转180度，两腿成左弓步，两手持刀随身舞花，然后向左上方抖刀，刀刃向右，刀尖向上，目视刀刃（图39）；收刀抡半花，然后向右跳步转体180度，两腿落成左弓步，持刀由前随身舞花，移把举刀竖于身前左侧，刀刃向左，刀尖向上，目视刀刃（图40）。

图 39

图 40

收　势

两手握刀向右抡半花，左手松把，右手握刀杆竖立于身体右侧，刀尖向上，左臂屈肘，左手握拳，抱于腰间，拳心向上，两脚并立，身体挺直，目视前方。（图41）

图 41

少林朴刀

动作名称

预备势
1.吕布托戟
2.鹞子钻云
3.苍龙搅海
4.金鸡独立
5.秦琼背刀
6.夜叉探海
7.大圣通天
8.滚身刀
9.鹞子翻身
10.舞花斩刀
11.小鬼抹脸
12.苏秦背剑
13.金鸡独立
14.刀劈华山
15.鹞子翻身
16.舞花进刀
17.回头望月
18.金鸡独立
19.青龙出海
20.舞花背刀
21.夜叉搅海
22.枯树盘根
23.大仙推山
24.老僧拜佛
收　势

动作图解

预备势

两脚并立，身体挺直，右手握刀，左臂下垂，左掌附于大腿外侧，目视前方。（图1）

接上动作，右手持刀稍往上提，左掌变拳，抱于腰间，头向左摆，目视左侧。（图2）

图 1

图 2

1.吕布托戟

抬右脚向左踢把根，左手向右接把，目视把根。（图3）

接上动作，右脚下落于左脚外侧一步，身体左转45度，使两腿成大叉步，同时两手托刀向右后方砍，目视刀尖。（图4）

图 3

图 4

2.鹞子钻云

抬两脚向前向上跳跃，当全身腾空时，两手向右前上方抖刀，目视刀尖。（图5）

3.苍龙搅海

身体左转，两脚落地，右脚在前，两腿成拖步，同时两手握刀向前劈，目视刀尖。（图6）

接上动作，以两脚为轴，身体左转180度，左腿半蹲，右腿跪地，同时两手握刀随身向前斜砍，目视刀尖。（图7）

图 5

图 6

图 7

4.金鸡独立

起身，两手握刀向右绞（图8）；左腿向后倒一步，身体左转180度，左腿提膝，同时持刀向后随身往左舞花，然后向前上方刺刀，目视刀尖（图9）。

5.秦琼背刀

左脚向后落一步，身体左转180度，两腿成拖步，同时两手持刀由前向后随身舞花。（图10）

接上动作，两手握刀向后返前舞花，然后震右脚，再两脚向前踮跳一步，左脚落于右脚前，两脚成左弓步，同时持刀抡半花，左手脱把向前推掌，右手握刀背于臂后，刀尖斜向下，目视左手。（图11）

图 8

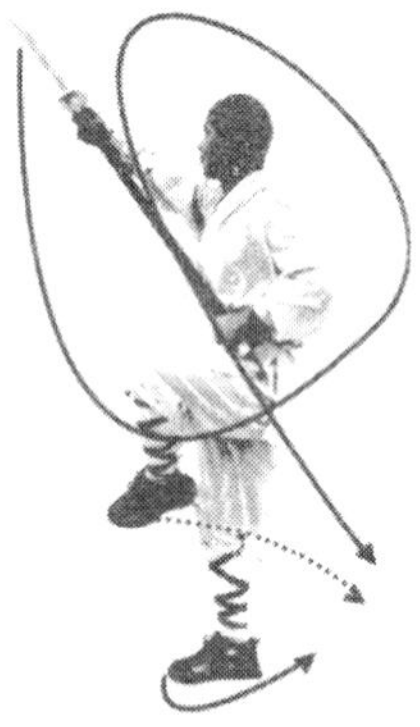

图 9

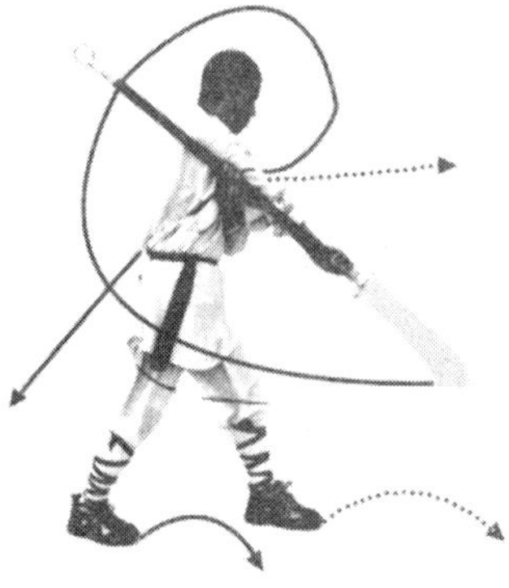

图 10

图 11

6.夜叉探海

右脚向前上一步，两手握刀由后向前再向后返前抡撩。（图12）

接上动作，左脚向前上半步，同时两手握刀由前向后返前舞花。（图13）

接上动作，抬右脚向前震脚，与左脚成并步，两腿半蹲，同时两手握刀由前向后再返前下方探刺，目视刀尖。（图14）

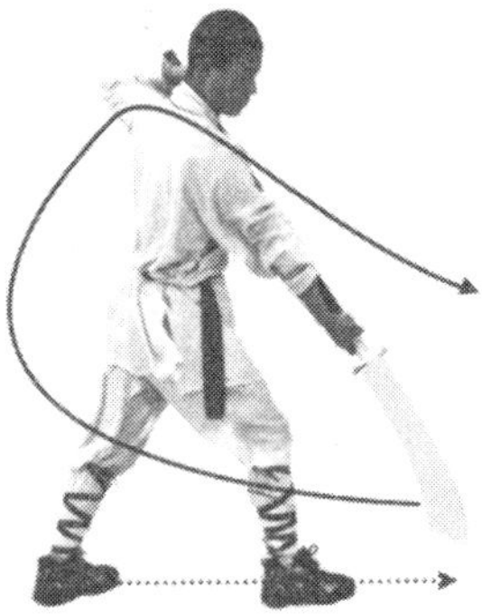

图 12

图 13

图 14

7.大圣通天

右脚后退一步，身体右转180度，左腿提膝，同时两手随身向前拔刀，然后举右臂，刀向上竖立于身体右侧，刀尖向上，目视

左侧。（图15）

8.滚身刀

左脚向右落地，身体左转45度，抬右脚向前一步，两手托刀向前，刀尖向上。（图16）

接上动作，先抬左脚，后抬右脚，向左翻身（向左转体720度）跳步，当全身腾空时，向前上方抖刀。（图17）

接上动作，两脚向下落地，右脚落于左脚前，同时两手握刀随身势向右前方劈，目视刀尖。（图18）

接上动作，先抬左脚，后抬右脚，向左翻身（向左转体720度）跳步，当身体腾空时，向前上方抖刀。（图19）

接上动作，两脚向下落地，右脚落于左脚内侧一步，两腿屈膝成马步，同时两手握刀由上向右下方劈，目视刀尖。（图20）

图 15

图 16

图 17

图 18

图 19

图 20

9.鹞子翻身

先抬右脚后抬左脚，向右翻身（向右转体180度）跳步，翻身后两腿仍成马步，同时两手握刀随身势向右侧砍，目视刀尖。（图21）

10.舞花斩刀

以两脚为轴，身体右转90度，两腿成右弓步，同时两手握刀由前向后再返前舞花。（图22）

接上动作，左脚向前上一步，倒抡舞花，身体右转180度，左脚向前再上一步，同时继续舞花。（图23）

接上动作，右脚向前上一步，身体左转180度，两腿屈膝成马步，同时两手由前向后再返前抡刀，然后向前斜上斩刀，目视刀尖。（图24）

图 21

图 22

图 23

图 24

11.小鬼抹脸

以两脚为轴，身体左转90度，抬右脚向前上一步，两腿成右弓

步，同时两手握刀由后向前抡半花。（图25）

接上动作，以两脚为轴，身体左转90度，两腿成左弓步，同时两手握刀由前向左再向下往后抡，然后举臂将刀架于颈前，刀尖向右，目视右侧。（图26）

接上动作，以两脚为轴，身体左转90度，同时上体后仰，两手握刀绕面摇晃，目视刀尖。（图27）

图 25

图 26

图 27

12.苏秦背剑

左脚后退一步，身体左转180度，两腿成左弓步，同时两手握刀由后向前随身抡两个舞花，然后震右脚，右手握刀背于右臂后，刀尖向下，左手脱把，变掌向前推出，目视左掌。（图28）

13.金鸡独立

身体右转90度，收左腿提膝，同时两手握刀由后向前向左舞花再倒抡逆花，然后举右臂竖刀于身体右侧，刀尖向上，目视左侧。（图29）

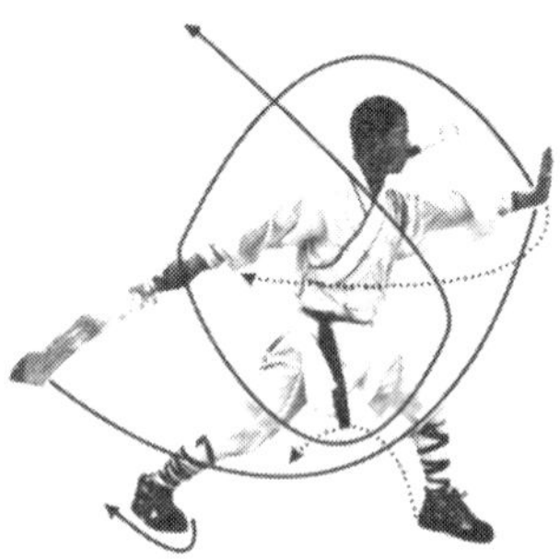

图 28

图 29

14.刀劈华山

左脚向左落一步，身体左转90度，同时两手握刀由右向左前方撩。（图30）

接上动作，震右脚，抬两脚向前跳一步，右脚落于左脚前，身

体左转90度，两腿屈膝成马步，同时两手握刀向右侧劈，目视刀尖。（图31）

图 30

图 31

15.鹞子翻身

收左腿提膝，两手由外向内绞刀。（图32）

接上动作，左脚不落地，抬右脚向左翻身（身体左转180度）跳步，转身后右脚落于左脚内侧一步，两腿屈膝成马步，同时握刀随身势由上往右侧下方猛劈。（图33）

接上动作，抬两脚向左翻身（身体左转180度）跳步，转身后两脚落地仍成马步，两手握刀随身势由上向右前方斜抖刀，目视刀尖。（图34）

图 32

图 33

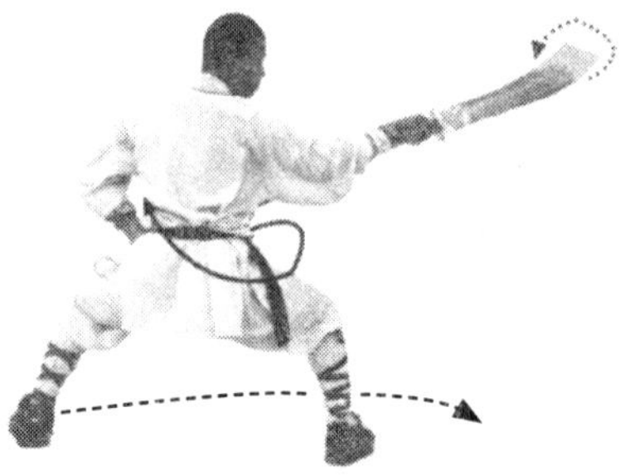

图 34

16.舞花进刀

以两脚为轴，身体右转90度，左脚向前上一步，同时两手握刀随身由左向右舞花。（图35）

接上动作，右脚向前上一步，身体左转180度，两手握刀向左舞花，再向右抡逆花。（图36）

接上动作，以两脚为轴，身体右转180度，同时两手握刀随身势由上向前下方戳，目视刀刃。（图37）

图 35

图 36

图 37

17.回头望月

以两脚为轴，身体左转180度，两手握刀由后随身势向前上方撩刀。（图38）

接上动作，抬右脚向前上一步，身体右转90度，两腿成右弓步，同时两手托刀向右下方斜刺，目视右后方。（图39）

图 38

图 39

18.金鸡独立

上体左转90度，右弓步不变，两手握刀由后向前上方斜戳。（图40）

接上动作，抬左腿向前提膝，同时两手握刀由上向下再向右后方舞花，然后向前托刀前刺，目视刀尖。（图41）

图 40

图 41

19.青龙出海

左脚向前落一步，速抬右脚向前跳一步，落于左脚前，同时两手握刀由前向右后方再返前抡，然后向前劈刀。（图42）

接上动作，以两脚为轴，身体左转180度，左腿下蹲，右腿跪地，同时两手由后向前随身拨刀，然后抖肘上挑，目视刀尖。（图43）

图 42

图 43

20.舞花背刀

起身，两手握刀向右舞花（图44）；身体右转180度，再向左舞花（图45）。

接上动作，左脚向前上一步，两手握刀向左舞花，然后抬两脚向右翻身（身体右转180度），转身后震右脚，左脚落于右脚前，两腿成左弓步，同时两手握刀随身向前舞花，然后左手脱把向前推掌，右手挽刀背于右肩后，目视左手。（图46）

图 44

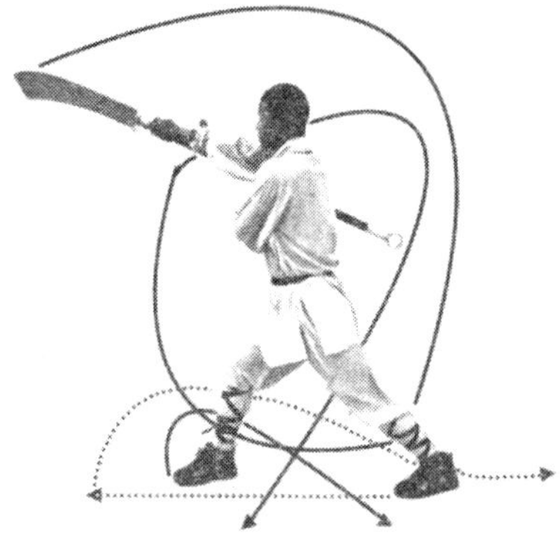

图 45

图 46

21.夜叉搅海

右脚向前上半步，两手握刀由后向前上方戳。（图47）

接上动作，右脚向前上一步，两手由上向后方再返前抡刀，然后由右向左搅刀，目视刀尖。（图48）

图 47

图 48

22.枯树盘根

左脚向前上一步，两手由右向左绞刀。（图49）

接上动作，右脚向前上一步，身体左转180度，两腿成左弓步，同时两手握刀由后随身势向前劈。（图50）

接上动作，右脚向前上一步，身体右转90度，两腿成叉步，然后两腿全蹲成歇步，同时左手脱把，变掌向前推出，右手钳刀向后穿把，目视左手。（图51）

图 49

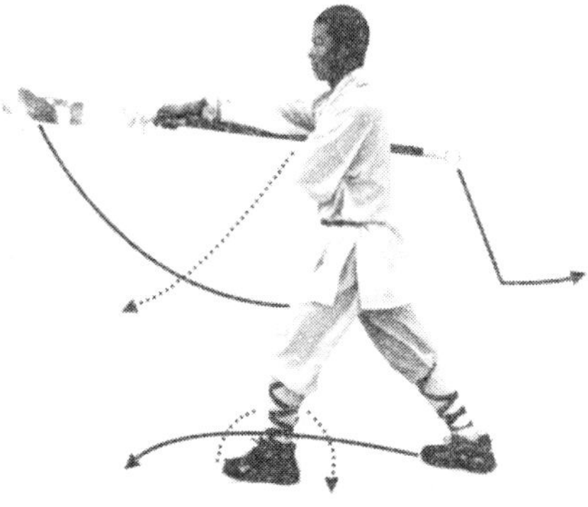

图 50

图 51

23.大仙推山

起身，左脚向左跨一步，两手握刀向左舞花。（图52）

接上动作，震右脚，抬两脚向左翻身（向左转体90度）跳步，右脚向前落一步，两腿成右弓步，同时左手脱把，向左侧推掌，右手握刀向前亮刀，刀把向右后方，目视左掌。（图53）

图 52

图 53

24.老僧拜佛

收右脚向内移半步，同时右手仰刀向上，刀把下沉，使刀直竖于身体右侧，左臂向内屈肘，左掌亮于胸前，掌心向右，掌指向上，目视前方。（图54）

图 54

收 势

收左脚与右脚成并步，左掌由上向下，附于左大腿外侧，身体挺直，目视前方。